Mission
dent de lait

Anne Didier est née en 1969. Elle a enseigné le français dans l'Oise et un peu en Afrique. Ce qui lui tenait à cœur dans ce métier, c'était surtout de donner aux élèves l'envie d'écrire des histoires. Après la naissance de ses enfants, elle s'est décidée à écrire elle aussi... pour les enfants.

Du même auteur dans Bayard Poche :
Les apprentis sorciers – L'épreuve du prince Firmin – Docteur Virus, à ton service ! – Le trésor du roi qui dort – Le secret de Papy Louis – Mon hamster et moi – La baguette de nuit noire (Mes premiers J'aime lire)
Classe verte sur planète bleue – La clé magique – Enquête chez Tante Agathe – Un visiteur étrange-bizarre – Émilien et le terreau magique – Dans la peau d'un lutin – Bravo, Anatole Latuile ! (J'aime lire)

José Sanabria est né à Bogota, en Colombie. Il a grandi dans le quartier ouvrier du Prado, dont il dévalisait les bibliothèques. Grand lecteur de livres illustrés, c'est à 6 ans qu'il a pris la décision de devenir dessinateur. Ce fut le début d'une longue course d'obstacles qui a duré jusqu'à ses 22 ans, lorsqu'il a posé une valise pleine de dessins et de rêves à Buenos Aires. C'est là qu'il a appris le métier qu'il affectionne tant : dessiner pour des enfants, qui, comme lui, aiment lire et dévorent les images !

© 2012, Bayard Éditions
© 2007, magazine *Mes premiers J'aime lire*
Tous droits réservés. Reproduction, même partielle, interdite.
Dépôt légal : avril 2012
ISBN : 978-2-7470-3810-2
Maquette : Fabienne Vérin
Loi n° 49-956 du 16 juillet 1949 sur les publications destinées à la jeunesse.

Mission dent de lait

Une histoire écrite par Anne Didier
illustrée par José Sanabria

mes premiers
J'AIME LIRE
bayard poche

Chapitre 1

Rendez-vous dans la nuit

Driiiiiiing drouuung draaaaang!

Les trois réveils de Marie-Louise Grignote
sonnèrent en même temps, dans un
vacarme épouvantable. La jeune souris
sauta de son lit et s'habilla à toute vitesse.
Elle grignota rapidement un raisin sec,
vérifia le contenu de son sac et sortit de
son logis.

Dehors, il faisait nuit noire. Marie-Louise trottina plus d'un quart d'heure pour arriver au réverbère de la rue Serpillon. C'est là qu'elle avait rendez-vous. Elle regarda sa montre. Elle avait dix minutes d'avance. Elle attendit l'inspecteur qui devait lui faire passer son examen.

Dans sa tête, les pensées les plus diverses se bousculaient : « Pourvu que je n'aie rien oublié… J'espère que l'examinateur ne sera pas un vieux rongeur sévère… Ah ! si seulement il me donnait le diplôme pour devenir souris des dents ! »

Soudain, une voix aiguë la fit sursauter :

– Mademoiselle ! Êtes-vous prête pour l'examen ?

Plongée dans ses pensées, Marie-Louise n'avait pas entendu arriver l'inspecteur.

– Euh oui…, bredouilla-t-elle.

L'examinateur lui dit d'un ton sec :

– Cette nuit, comme vous le savez, vous allez passer un test pour devenir souris des dents. Vous devrez réussir à glisser une pièce sous l'oreiller d'un enfant et rapporter sa dent de lait. Vous serez notée sur votre rapidité, votre sang-froid et l'utilisation de votre matériel.

L'inspecteur sortit de sa mallette une pièce de deux euros. Il la tendit à Marie-Louise et reprit :

– Vous pouvez y aller, Mademoiselle.

– Oui, Monsieur l'inspecteur.

L'examinateur au long nez tendit à Marie-Louise un morceau de papier sur lequel elle lut :

– Vous devez vous rendre au 8, rue Serpillon, dans la chambre de Félix Goujon. Durée de l'épreuve : 5 minutes !

Chapitre 2

Mauvaise surprise

Marie-Louise serra fort la pièce de deux euros et se faufila à l'intérieur de la maison.

Dans l'entrée, elle alluma son gland lampe de poche et repéra facilement la chambre de Félix.

En entrant dans la chambre, Marie-Louise fit un rapide état des lieux. C'est ce qu'on lui conseillait dans ses manuels scolaires.

Enfant : parfaitement endormi.

Sol : encombré de jouets.

Lit : facile à escalader.

Cachette de secours : penderie à rideau.

Mais soudain, le poil de Marie-Louise se hérissa comme une brosse : un détail clochait ! Sous la fenêtre, elle venait de repérer la silhouette d'un chat endormi.

« Incroyable ! pensa-t-elle. Je ne savais pas qu'on pouvait se retrouver face à un chat pendant l'examen ! »

La souris réfléchit à toute vitesse.

« Surtout, pas de panique ! se dit-elle. L'essentiel est de ne pas réveiller ce gros monstre à moustaches. »

Marie-Louise lança sa corde d'escalade et entreprit de monter sur le lit, la pièce de deux euros entre les dents. Elle avait répété cent fois l'opération, mais cette fois-ci, elle tremblait un peu et la pièce tomba sur le sol en tintant légèrement.

Le chat se dressa d'un bond. Marie-Louise sauta pour ramasser la pièce et grimpa de nouveau, à toute vitesse, à la corde. Elle se jeta sur le lit et se glissa avec les deux euros sous l'oreiller de l'enfant.

En bas, le chat la guettait, prêt à bondir.

Marie-Louise essaya d'imaginer un plan dans sa petite cervelle. Mais elle avait beau chercher, elle ne trouvait aucune solution. Elle était bel et bien coincée...

Chapitre 3

À toute vitesse !

Les minutes passèrent. Marie-Louise, réfugiée derrière l'oreiller, ne savait que faire. Soudain, elle aperçut l'inspecteur qui franchissait le seuil de la porte, sans se rendre compte du danger.

– Marie-Louise, êtes-vous là ? couina-t-il.

Le chat dressa l'oreille et se dirigea vers l'arrivant, prêt à bondir.

N'écoutant que son courage, Marie-Louise sauta dans une voiture téléguidée qui stationnait juste en dessous du lit. La télécommande se trouvait par chance sur le siège avant. La petite souris appuya sur « marche » et la voiture démarra au quart de tour. Marie-Louise fonça droit sur le chat.

Le chat eut un mouvement de recul et Marie-Louise continua sa course jusqu'à l'inspecteur. En freinant brutalement, elle couina :

– Vite, montez !

– Que… Qu'est-ce que c'est que… CHAT ? s'écria l'inspecteur en grimpant sur le siège passager.

Pour toute réponse, Marie-Louise appuya à fond sur la télécommande. Elle vira sur deux roues pour repartir en sens inverse.

Le chat se lança à leur poursuite.

– Il nous rattrape ! hurla l'inspecteur.

– J'ai une idée ! répondit la petite souris.

Elle manœuvra adroitement pour percuter la table de nuit et faire tomber le sac de billes posé dessus. Les billes se répandirent sur le sol. Le matou, emporté par son élan, fit un vol plané. Il heurta de plein fouet le radiateur et resta assommé sur le parquet.

Juste au moment où les deux souris se faufilaient hors de la chambre, la lumière s'alluma. L'enfant s'était réveillé et il venait d'appuyer sur l'interrupteur de sa lampe de chevet.

Chapitre 4
Nouvelle mission

Avant de se glisser sous la porte d'entrée, l'inspecteur murmura à Marie-Louise :

— Vous alors… Vous n'avez pas froid aux yeux !

Arrivées dans la rue, les deux souris
reprirent leur souffle. L'inspecteur avait
l'air particulièrement ennuyé. Il baissa le
museau :

– Je vous dois toutes mes excuses… Je me
suis trompé de maison. Félix Goujon,
n'habite pas au 8, mais au 18, rue Serpillon.
Je vous ai mise dans une situation terrible.
Un chat, vous vous rendez compte !

L'inspecteur en avait encore les moustaches qui tremblaient. Il sortit un grand papier doré de sa mallette.

– En tout cas, aucune candidate n'a jamais fait preuve d'un pareil sang-froid ! Je vous donne votre diplôme de souris des dents sans aucune hésitation !

La jeune souris, ravie, saisit son diplôme.

– Et le vrai Félix Goujon ? demanda-t-elle. Aura-t-il une pièce sous son oreiller ?

– Le vrai Félix ? s'écria l'inspecteur. Mais j'allais l'oublier !

Il ouvrit sa mallette et en sortit une autre pièce.

– Heureusement, j'ai toujours deux euros de rechange, dit-il. Êtes-vous prête pour une deuxième mission ?

– Bien entendu ! répondit Marie-Louise avec un large sourire. Et ce sera une joie de réaliser cette mission en tant que petite souris diplômée, cette fois !

mes premiers j'aime lire

ÉDITION

Des romans pour les lecteurs débutants !

Réfléchir et comprendre
la vie de tous les jours

Rire et sourire
avec des personnages insolites

Se faire peur et frissonner
de plaisir

Rêver et voyager
dans des univers fabuleux

Se lancer dans des aventures
pleines de rebondissements

Découvrez l'offre
J'aime lire débutants

DÈS 6 ANS

9 numéros de *Mes premiers J'aime lire*
et ses **9 CD**
+ 3 numéros de *J'aime lire*
et ses **3 CD** !

Mes premiers J'aime lire, un magazine
spécialement conçu pour accompagner
les enfants du CP et du CE1 dans leur
apprentissage de la lecture :
- Une histoire courte
- Un vrai petit roman illustré
- Des jeux et de la BD

Avec un **CD audio** pour guider et rassurer
les enfants dans leur progression.

Pour plus de renseignements, rendez-vous sur **www.bayard-jeunesse.com**

J'AIME LIRE

ÉDITION

Des premiers romans à dévorer tout seul !

Réfléchir et comprendre
la vie de tous les jours

Rire et sourire
avec des personnages insolites

Se faire peur et frissonner
de plaisir

Rêver et voyager
dans des univers fabuleux

Se lancer dans des aventures
pleines de rebondissements

Achevé d'imprimer en septembre 2011 par Pollina S. A.
85400 LUÇON - Numéro d'impression : L58586c
Imprimé en France